तुम्हारे बाद

कुछ अनकहे अल्फ़ाज़

साक्षी वरदान (दीपिका)

Made with ♥ on the Notion Press Platform
www.notionpress.com

साक्षी वरदान (दीपिका)

क्रम-सूची

क्रम-सूची

क्रम-सूची

1. बड़े इत्मीनान के साथ

1.

खुदगर्ज ए खुदा तेरी कुदरत रास नहीं आती
मतलबी दुनिया है हमें अक्सर नहीं भाती।

2.

बड़े इत्मीनान के साथ
शेर-ए-शायरी का शौक पाल बैठे
मालूम ना था
शरबत समझ ज़हर निगल बैठे।

2. हम इम्तिहान दे देते

3.
परिंदे हम भी हैं तुम्हारी तरह
मगर मयस्सर नहीं आसमां
हमें उड़ान भरने को।
4.
इतनी आसानी से आप
हमारी हार का फैसला कर बैठे
एक मरतबा बता दिया होता
हम इम्तिहान दे देते।

3. सवाल तो हमारी ताजीम का था

5.

बेहतर होता तुम्हें
थोड़ा बारीकी से जान लिया होता
तुम तो शरीक हो जाओगे मजमे में
सवाल तो हमारी ताजीम का था।

6.

जुबां से ही थोड़ा कुछ उड़ेल देते हैं
ग़ालिब तो नहीं फिर भी शेर कहते हैं
ये जो लोग बहुत मजबूत दिखते हैं
जाहिर सी बात है वो टूटे बहुत होते हैं।

4. करीब से देख दाग चाँद में भी है

7.

मुतमयीन हैं लोग कितने किसी की तारीफ़ में
करीब से देख दाग चाँद में भी है।

8.

मैंने बहुत सुना है दीवारों के भी कान होते हैं
घर जलाने वाले अपने ही कुछ खास होते हैं।

5. हम बेताब हैं जानने को

9.

आखिर क्यों कोई इतना मसरूफ़ होगा
हम बेताब हैं जानने को
ये सिलसिला कब तक बरकरार रहेगा।

10.

आजकल हवाओं का रुख
बेहद जल्द बदलने लगा है
जनाजा उठा भी नहीं अभी
और वो मरसिए पढ़ने लगा है।

6. इतना नायाब नहीं वक़्त

11.

इतना नायाब नहीं वक़्त
तुझे जाया करने का क्या हक है
जमाने की छोड़
ये खुद में मशगूल होने का वक़्त है।

12.

क्या खूब किया राजीनामा हमने
खुदा तेरी हर एक पहल पर
अब नमक लगाने लगा है तू
हमारे हर एक ज़ख्म पर।

7. रात ढल जाएगी चलते चलते ही

13.

रात ढल जाएगी चलते चलते ही
पैदल ही सही महज़ शुरुआत तो कर।

14.

वो पूछती है क्या तुम
मुझे याद करके अब भी रो देते हो
लोग पूछते हैं रोजाना बाल्टियाँ भरकर
रेत पर क्यों उड़ेलते हो।

8. दिन जाने कैसे काटे थे

15.

टकराव बहुत होने हैं अभी
कंधों को मजबूत बना लो
यह कलयुग है कृष्ण नहीं आयेंगे
यहाँ सारथी बनने को।

16.

इन मुनासिबों के शहर में हमने
दिन जाने कैसे काटे थे
जिस जिस फूल की खुशबू सुहानी लगी
उसी की जड़ों में काँटे थे।

9. अहम तेरा गुरूर कुछ इस तरह से टूटे

17.

अहम तेरा गुरूर कुछ इस तरह से टूटे
ना चल पाये जमीन पर, ना आसमां में उड़ सके।

18.

उसकी हर पसंद को
हम अपना कहने लगे
कुछ इस माफिक गया वो, कि हम
अपनी ही पसंद से नफ़रत करने लगे।

10. ताउम्र बीत चुकी तेरे इंतजार में

19.

रह रह कर मन में एक ही सवाल आता है
तुझसे पूछ लूँ मैं अगर जवाब आता है
वो जो कहानियों में मिल जाते हैं अनजान शहर में
ऐसा हकीकत में भी होता है कभी यही ख्याल आता है ।

20.

ताउम्र बीत चुकी तेरे इंतजार में
कभी कुछ तो लिखा होता तूने खत ऐतबार में।

11. अब फर्क नहीं पड़ता

21.

अब फर्क नहीं पड़ता
उस इबरत ने इतना सिखाया है
ना कर यकीं ए दिल किसी पर
यहाँ हर चहरे पर साया है।

22.

वक़्त कुछ ऐसा बाकी है इस गर्दिश को मिटने में
जैसे कुछ उम्मीद बाकी है मेरे अपने ही दिल में।

12. मेरी फरियाद पर खुदा

23.

मेरी फरियाद पर खुदा
तू बस इतना अमल करे
ना हो शिकायत किसी से मुझे
और ना ही कोई उल्फ़त रहे।

24.

खाली है मन मेरा
फिर भी खूब उफनता है
थोड़ी बर्दाश की बाकी है हद अभी
वरना तो ये हर रोज उबलता है।

13. शबक भी जरूरी है गुजर के लिए

25.
अक्लमंद कहते हैं
तालीम जरूरी है जीने के लिए
और एक शायर कहता है
शबक भी जरूरी है गुजर के लिए।

26.
मेरा सब्र अब टूटने लगा है
एक दिन तेरे इम्तिहान में बाजी क्या मारी
तू तो हर रोज ही इम्तिहान लेने लगा है।

14. यूँ तो गुफ्तगू होती है जमाने से

27.

यूँ तो गुफ्तगू होती है जमाने से
वो मुस्कुरा देता है
मगर आँसू उसी के सामने आते हैं
जिसे दिल अपना कहता है।

28.

मोहब्बत क्या है हमें मालूम नहीं
मगर कोई है जो बड़ा याद करती है
अपने रब से इबादत में
दुआएँ मेरे नाम की पढ़ती है।

15. ये दिल तुझसे मोहब्बत नहीं करता

29.

ये दिल तुझसे मोहब्बत नहीं करता
क्यूँ इतना याद आता है
आईने में देखते खुद को हैं
और नज़र तेरा चेहरा आता है।

30.

कहता है मोहब्बत करता हूँ और बदनाम करता है
हमें झूठा बता कर शिकवा तमाम करता है।

16. मैं तेरा नाम लिखता

31.
इन लकीरों पर अगर
इंसान का ज़ोर चलता
लोग जोड़ते शोहरतें हजार
मैं तेरा नाम लिखता।
32.
रोज की इन महफिलों में
क्या सुनूँ मैं क्या कहूँ
गलतियाँ जो की नहीं उन पर
तरमीम भी मैं क्या करूँ।

17. अपने तो रास्तों में तफ़रीक हैं बड़े

33.

अपने तो रास्तों में तफ़रीक हैं बड़े
तुम्हें खामोशी पसंद है हमें शायरी की महफिलें।

34.

ये वायदे ये कायदे खुद से भी तो कर
गुजरेगी गर्दिश जल्द दिल पे हाथ रख।

18. कमजोर पड़ चुकी है नजर

35.
कमजोर पड़ चुकी है नजर
आँसू के बहते बहते
थक चुका है दिल मेरा
खुमान जिल्लतें सहते सहते।

36.
कर लूँ कोशिशें लाख
मालूम नाकामयाब होनी हैं
कभी तो मिल जायें नजरे उनसे
फिर कहाँ मुलाकात होनी है।

19. वो उजाड़ कर चले गए

37.

सोचा जाते-जाते इस दिल में
कुछ बहार ले चलें
एक महफिल जमायी थी हमने
वो उजाड़ कर चले गए।

38.

माना तेरी हर खुदी
मनजूर है हमें
इतना भी गाफिल न बन
कि जिंदगी बोझ लगने लगे।

20. उनका वो अंदाज़-ए-बयाँ

39.

कुछ ग़ज़लें लिखी थीं किसी और के लिए
दिल खुद को जान बैठा
मत पूछो हमसे क्या खूब था
उनका वो अंदाज़-ए-बयाँ।

40.

हीरे सी चमक बता उस जर्मन में है कहाँ
जिसको जिसकी तलाश है वो उसी को चाहेगा।

21. इतना बदल लिया खुदको

41.

मुस्कुरा देने से
हर शिकवा मिटा नहीं करते
एक बार जुबां से निकले लव्ज़
कभी वापिस नहीं होते।

42.

इतना बदल लिया खुदको
अब हमदर्दी बाकी नहीं
और कितना मजबूर करोगे
क्या ये काफी नहीं।

22. ना फ़ना होते हम इस तरह

43.

ये आँखें उन आँखो पर अब यकीन नहीं करतीं
आँसू बहा देने से तकसीरें नहीं मिटतीं।

44.

ना फ़ना होते हम इस तरह
अगर वायदा ना किया होता
सब कुछ तो छीन ले गये वो हमसे
काश जख्मों का भी तकाजा किया होता।

23. किसी को याद कर कालीन बिछाई थी

45.

किसी को याद कर कालीन बिछाई थी
सोचा थोड़ा और इंतजार सही
पर अब शाम हो आयी थी।

46.

उसके होने से मेरी हर सुबह होती है
वो है तो मेरी हर शाम ढलती है
कभी देखा नहीं ना मुलाकात होती है
ख्वाबों में आता तो है पर बात नहीं होती है।

24. सुनो आज फिर दो बात कहता हूँ

47.

मैं आज तक समझ नहीं पाया हूँ
वो थोड़ी नासमझ सी लगती है
आँसुओ को बड़े एतिहात से छुपाती है
वजह नहीं होती बेवजह मुस्कुराती है।

48.

सुनो आज फिर दो बात कहता हूँ
अपनी खामोशी में अल्फ़ाज़ लिखता हूँ
जिस पर बीती है वो समझ जाएगा
क्यों अधूरी कहानी में मैं ख्वाब देखता हूँ।

25. बड़ा अज़ीज़ लगता है दिल को

49.

बड़ा अज़ीज़ लगता है दिल को
जरूर कोई खास बात होगी
वरना यूँ ही किसी पर
हमारे अहसास जागते नहीं।

50.

तुम जो कहोगे वो सब लिखूँगा
घाव नहीं बस मरहम लिखूँगा
दुनिया को सिर्फ तारीफें पसंद है
सच तो नहीं मैं थोड़ा झूठ लिखूँगा।

26. क्या खूब तुर्किश हो तुम

51.

क्या खूब तुर्किश हो तुम
मुझमें इतना हुनर कहाँ
तुमने जीत ली बाजी खेले बिना ही
मुझे तो ठीक से हारना भी नहीं आता।

52.

तेरे इश्क में हमने खुद को
क़फ़स कैद कर लिया
यूँ मुनासिब नहीं लगता जैसे को तैसा
जा आजाद किया तुझे आसमान दे दिया।

27. ये ज़िन्दगी तेरी मुलाजिम जो है

53.

ये जो हर किसी से उम्मीद लगाए बैठा है ना
तेरी बेहतरी के लिए अच्छा नहीं है
कभी गौर किया है खुद का साया भी
अँधेरे में अकेला छोड़ देता है।

54.

माना कि हम शुक्रगुजार हैं तेरे
क्यूँ हर बात में तेरी ज्यादती है
शिकायत करें भी तो कैसे
ये ज़िन्दगी तेरी मुलाजिम जो है।

28. मैं जब जब देखूँ

55.

बड़े अरसे से तलाश थी
वह अरसा भी आया
जब तलाश खत्म हो गई।

56.

मैं जब जब देखूँ
वो फक्त जुल्फों को संवारा करती है
यकीन मानो जन्नत नसीब है उसे
जिस आईने को वो निहारा करती है।

29. किसी ने क्या खूब कहा है

57.

किसी ने क्या खूब कहा है
आँसू बड़े कीमती होते हैं
वो शख्स जरूर बेशकीमती होगा
जिस पर हम ये दौलत लुटा चुके हैं।

58.

मुझे वक्त से और दो वक्त की
मोहलत चाहिए थी
वो जो मेरी कब्र पर आया था
इन आँखों को बस उसी की झलक चाहिए थी।

30. सब छोड़ आया वहीं का वहीं

59.

सब छोड़ आया वहीं का वहीं
बहुत कुछ भूल आया हूँ
उसे मिल गया हमनसीब हमसे बेहतर
झुमका पड़ा था उसका वही उठा लाया हूँ।

60.

वह जो बड़े होने का गुमान करते हैं
वक्त आने दे उन्हें भी बताएंगे
अभी तो हम उम्र का लिहाज करते हैं।

31. मैं जब जहाँ जाऊँ

61.

तुम अच्छे लगे तो
अपना हाल तुम्हें बताने लगे
और अपने लगे तो
थोड़ा हक भी जताने लगे
भूल जाने दो बीती बातें
हम गैरों से गिला नहीं करते।

62.

मैं जब जहाँ जाऊँ
वहीं तेरा जिक्र बार-बार होता है
कैसे ना जानेंगे लोग तुझको
मेरी हर कहानी में तेरा किरदार रहता है।

32. काश तू चिराग का जिन होता

63.

काश तू चिराग का जिन होता
बेशर्तें अपने में मगन होता
जब पूछता क्या हुक्म है मेरे आका
मैं कह देती उम्र भर ठहर जा।

64.

एक नकाबपोश ने आज अपना नकाब उतार लिया
उसी के लहजे ने उसका किरदार बता दिया।

33. कुछ भी नहीं मेरे पास मेरे अलावा

65.

कुछ भी नहीं मेरे पास मेरे अलावा
तुझे मुनासिब लगे तो ठहर वरना चला जा।

66.

एक वक्त पर टूटे हुए काँच भी सजाने पड़ते हैं
अपनों के लिए अपने ही ख्वाब जलाने पड़ते हैं।

34. वक्त-ए-गर्दिश में भी

67.

मैं क्या लिखूँ उस किरदार के बारे में
जिसके हाथों की लकीरों तक मिट गई
मुझे लिखने में।

68.

वक्त-ए-गर्दिश में भी
कोई ऐसे सवाल पूछता है क्या
वो जो हाल पूछते हैं हमसे
बुरा बता भी दें तो ठीक कर पाएंगे क्या।

35. हमें यही समझने में जमाने लग गए

69.

हमें यही समझने में जमाने लग गए
कैसे पराए अपने और अपने पराए हो गए।

70.

लोग तो हजार मिले आते जाते जनाब
मगर नज़र ही नहीं आया कोई तुम्हारे बाद।

36. बड़ा ताज्जुब होता है जानकर

71.

ऐसे कैसे भूल जायें उसे आसानी से
हमनें बिछड़ते वक़्त उसकी आँखों में आँसू देखे हैं।

72.

न जाने लोग कैसे किसी का
सुकून से सुकून छीन लेते हैं
बड़ा ताज्जुब होता है जानकर
चैन से जी भी लेते हैं।

37. वो कहते हैं प्यार से बोला करें

73.
अपना होता तो फिक्र होती
हाल का क्या है
वो तो पराए भी पूछ लेते हैं।

74.
वो कहते हैं प्यार से बोला करें
आप बहुत कड़वा बोलते हैं
झूठी मोहब्बत का ढोंग तुम्हीं को मुबारक
कम से कम इस कड़वेपन से कीड़े तो दूर रहते हैं।

38. एक वक्त पर हम भी कहा करते थे

75.

मुझे फर्क नहीं पड़ता
जो जी में आये कहते रहो
मैं खुद ही खुद में बेहतर हूँ
मुझे खुद में ही रहने दो।

76.

एक वक्त पर हम भी कहा करते थे
आँखों में किसी के रहा करते थे
बड़ा नाज़ था जिनके नूर पर
वही अलविदा कह कर चले गये।

39. इससे ज्यादा और क्या होगा

77.

क्या, क्यों, कब, कैसे
आज ये सवाल रहने दो
बड़े दिनों बाद आये हो
जी भर देख लेने दो।

78.

उसे लगता है
उसके जाने से कुछ नहीं बिगड़ेगा
हम फ़ना हो जाएंगे
इससे ज्यादा और क्या होगा।

40. गिर भी गए तो संभल जाएंगे

79.

इस खुशफहमी में मत रहना
तुम्हारे बगैर मर जाएंगे
आदत है अकेले सफर की
गिर भी गए तो संभल जाएंगे।

80.

मेरे सामने ही कहता है
कि मेरी याद नहीं आती
ये झूठ किसी और को बता
मेरी हिचकियाँ अब भी नहीं जातीं।

41. मत चाहा कर इतनी शिद्दत से

81.

देख चुके हैं हम
बड़े दिल वाले लोग बहुत
हमारे मुट्ठी भर दिल में उसके अलावा
किसी और के लिए जगह ही नहीं।

82.

मत चाहा कर इतनी शिद्दत से
मुझे अपने अलावा किसी और से मोहब्बत नहीं
ये तेरी जिंदगी बेरंग बन जाएगी
मेरे घर में सिर्फ अँधेरा है उजाला भी नहीं।

42. चोट लगी मगर दर्द नहीं हुआ

83.

शौक होता तो कब का छोड़ चुके होते
आदत है और आदत छोड़ी नहीं जाती।

84.

चोट लगी मगर दर्द नहीं हुआ
घाव गहरा था मगर घाव नहीं लगा
आईने पर जब खुद का अक्स देखा
तब लगा कि मैं मैं नहीं रहा।

43. बड़े अजीब हैं ये लोग भी

85.
बड़े अजीब हैं ये लोग भी
कितना ही रंग बदलते हैं
पीछे बददुआ देते हैं और
सामने दुआएँ पढ़ते हैं।

86.
बहुत घूम लिए हम
अब इंसानों की बस्ती में लौटना चाहते हैं
एक एक चहरे को देखा है
यहाँ सिर्फ लोग ही रहा करते हैं।

44. यूँ तो गर्दिश में भी

87.

कुछ का तो मिज़ाज ही ऐसा होता है
तारीफ भी करते हैं तो जहर जैसा लगता है।

88.

यूँ तो गर्दिश में भी
जिंदगी गुज़र जाया करती है
यकीन मानो वक़्त के साथ
पसंद भी बदल जाया करती है।

45. कभी कभी तो दिल चाहता है

89.

कभी कभी तो दिल चाहता है
आईने के सामने ही बैठा रहूँ
दुनिया तो कमियाँ गिनाती है
मैं अपनी तारीफें खुद ही कर लेता हूँ।

90.

हमें मोहब्बत करने वालों से
सख्त नफरत है
आखिर नसीब में इतना अच्छा कोई
किसी को कैसे मिल सकता है।

46. इतना ना सोचा कर

91.

इतना ना सोचा कर
ये जमाना पागल बताएगा
हम तो शायर हो गए
सवाल तुझ पर उठाएगा।

92.

मजरूह बड़ा हुआ दिल
ना कुछ और बाकी है
सिर्फ और सिर्फ तुझे पाने कि
हसरत ही बाकी है।

47. मैं मुस्कुराता तो हूँ

93.

तेरी खुशबू मुझे
तेरी तरफ नहीं खींचती
ये नजरें ही कंबख्त हैं
जो तुझसे नहीं हटतीं।

94.

सही परखा है तुम्हारी निगाहों ने
मैं मुस्कुराता तो हूँ
जरा देर ठहर कर देखते
तुम्हारी यादों में किस कदर बिखरा हूँ।

48. हमारा खब्त था कि

95.

सब कुछ तो मिला है
जिंदगी से कोई शिकायत नहीं है
पर एक जो तू ना मिला है
बस यही मुनासिब नहीं है।

96.

हमारा खब्त था कि
तेरी जुस्तजू में निकल पड़े
अब दिल में सवाल है
कैसी कफ़स में फस गए।

49. तेरी ही फितरत है यूँ दास्तां कहने की

97.
ये जो बिना वजह दुश्मनी पाले बैठे हैं
हमारे चाहने वालों से पूछें
हम दोस्ती कितनी बखूबी निभाते हैं।

98.
तेरी ही फितरत है यूँ दास्तां कहने की
हमने तो कोई तमाशा किया ही नहीं
ये सच है कि तेरा नाम जुबान पर था
मगर हमने कभी किसी को बताया नहीं।

50. वो एक बार फिर लौट आए

99.

हर एक चहरे में
कई राज रहा करते हैं
मुस्कुराहट के पीछे भी
जख्म हजार हुआ करते हैं।

100.

वो एक बार फिर लौट आए
शायद हमारा हस्र देखने
क्या मालूम मोहब्बत कब कि छोड़ दी
अब तो जहर ही बचा है जहन में।

51. राह-ए-जुनून पर कदम

101.

लोगों ने कितना ही फायदा उठा लिया
हम बेकार में झूठी तारीफ़ों पर मरते रहे
कुछ देर तो मलाल रहा खुद पर
फिर हम भी समझदार बन गए।

102.

राह-ए-जुनून पर कदम
हम भी रख लेंगे
वो कभी कहें तो सही
हमसे मोहब्बत है उन्हें।

52. जरूरी नहीं ये महँगे तोहफे

103.
तेरी कुर्बत में खुद का
ऐसा हाल कर लिया है
तेरे बिना हमारी साँसों ने भी
जीने से इनकार कर दिया है।

104.
जरूरी नहीं ये महँगे तोहफे
और ना ही गुलाब चाहिए
गुजार लेंगे जिंदगी किल्लत में भी
सिर्फ तुम्हारी आँखों में हया चाहिए।

53. सही कहते हो मैं सख्त दिल

105.

हमने तो अपने दुश्मनों से भी
अच्छा सुलूक किया है
कुछ आस्तीन के साँप कहते हैं
तुम्हें रिश्तों कि अहमियत ही क्या है।

106.

सही कहते हो मैं सख्त दिल
पत्थर सा मिजाज रखता हूँ
मगर कोई प्यार से बोले
तो मोम सा पिघल जाया करता हूँ।

54. तुम हमारे बनो या ना बनो

107.

तुम हमारे बनो या ना बनो
ये तुम्हारी मर्जी है
हम कभी किसी और के ना हों
यही रब से अर्जी है।

108.

कब तक तेरी तोहीन सहते
अच्छा हुआ चला गया
जरा सी इज्जत के अलावा
हमने और माँगा ही क्या था।

55. बत्तियाँ बुझा दो

109.

बत्तियाँ बुझा दो
हमें उजाले रास नहीं आते
इससे तो अँधेरा सौ गुना बेहतर है
रो भी लें तो आँसू नजर नहीं आते।

110.

धागे तो हमने भी बाँधे थे
मन्नत में तुझको पाने के
तेरा हमसफ़र मिला तो जरूर पूछेंगे
क्या उसके रेशम के धागे थे।

56. पहले लगाते हो पाबंदियाँ

111.

पहले लगाते हो पाबंदियाँ
फिर रियायतें देते हो
जिंदा लोगों से भी मुर्दों सा सुलूक
जनाब आप भी कमाल करते हो।

112.

हर शाम के बाद
अगली सुबह का इंतजार रहेगा
अब लौट भी आ अपने मकान में
इस तरह कब तक नाराज रहेगा।

57. बड़ी तारीफ़ें सुनने लगा हूँ

113.

बड़ी तारीफ़ें सुनने लगा हूँ
शायद मर चुका हूँ मैं
जिंदा लोगों को तानों के सिवाय
मिलता ही क्या है इस जहां में।

114.

जिंदगी अगर सिखाती है
तो सबक सीख लेना चाहिए
हमेशा तो नहीं मगर
कभी कभा गलती मान लेनी चाहिए।

58. इस कश्मकश कि जिंदगी में

115.

इस कश्मकश कि जिंदगी में
कुछ इस तरह फँसे हैं
जमाने से भरोसा उठ चुका
अपने साये से ही गुफ्तगू करने लगे हैं।

116.

यूँ ही नहीं लिखते कोरे पन्नों पर
हमको कोई शौक नहीं
मिला होता अगर कोई समझने वाला
फिर हम कभी कुछ लिखते ही नहीं।

59. इस दिल के बहकावे में ना आना

117.

इस दिल के बहकावे में ना आना
पूरी तरह से पहले ही परख लेना
आँखे भी दे जाती हैं अक्सर धोखा
नजर नहीं आता गुलाब के पीछे का काँटा।

118.

वो बेरहम शख्स हम पर
जुल्म हजार करता है
उसे मालूम ही नहीं मोहब्बत का मतलब
रोज इसी तरह इजहार करता है।

60. हमसे मिलने का इंतजार कर रहे हो

119.

हम नहीं गए थे छोड़ कर
रास्ता तुम्हीं ने बदला था
खैर बताओ हमारी याद आज आई कैसे
क्या तुम्हें भी किसी ने छोड़ दिया।

120.

हमसे मिलने का इंतजार कर रहे हो
संभल जाओ हम अब कल जैसे नहीं
हवा के झोके कि तरह बन चुके हैं
आएंगे जरूर मगर ठहरेंगे नहीं।

www.ingramcontent.com/pod-product-compliance
Lightning Source LLC
LaVergne TN
LVHW090333210926
848480LV00004B/1398